DOCE MEDITACIONES

JAN ERIK VOLD

EDICIONES encuentros imaginarios - SIESTA FÖRLAG

ZONA ARKTIS

1. 29 JAICUS Y OTROS POEMAS de Tomas Tranströmer, 2003
2. ELVIS, ARENA PARA EL GATO Y OTRAS COSAS IMPORTANTES, 2003
3. LA CASA ES BLANCA de Jan Erik Vold 2008
4. YO HE VISTO ESTRELLAS QUE DEJARON DE APAGARSE de Nils Yttri, 2009
5. ESPERANTO DEL CUERPO de Birgitta Boucht, 2009
6. EL PAÍS QUE NO ES de Edith Södergran, 2009
7. LUEGO DE NOSOTROS, SIGNOS de Tor Ulven, 2009
8. RUIDO de Tone Hødnebo, 2010
9. LLUVIA EN/ REGN I HIROSHIMA de Tarjei Vesaas, 2010
10. IDEALES EN OFERTA de Henry Parland, 2010
11. ABIERTO TODA LA NOCHE de Rolf Jakobsen, 2010
12. DE HABITACIÓN EN HABITACIÓN Sad & Crazy de Jan Erik Vold, 2011
13. LA REALIDAD MISMA de Gunvor Hofmo, 2011
14. MARIPOSA de Birgitta Boucht, 2011
15. POEMAS SELECTOS de Gungerd Wikholm, 2011
16. ESPEJOS QUE HUYEN (bilingüe) de Rabbe Enckell, 2012
17. MINIMUM de Anne Bøe, 2012
18. DIJO EL HACEDOR DE SUEÑOS (bilingüe) de Jan Erik Vold, 2014
19. PIEDRAS Y LUZ de Peter Sandelin, 2015
20. DOCE MEDITACIONES de Jan Erik Vold, 2015
21. ALCE de Jan Erik Vold, 2015

ZONA SIESTA

1. MALMÖ ÄR EN DRÖM av Tomas Ekström, 2011
2. BERING OCH ANDRA DIKTER av Luis Benítez, 2012
3. DE TRE SENASTE ÅREN av Jorge Fondebrider 2015
4. EN VISS HÅRDHET I SYNTAXEN av Jorge Aulicino, 2015
5. BORDERLINE av Andrés Norman Castro, 2015

DOCE MEDITACIONES

JAN ERIK VOLD

Traducción directa del sueco de Roberto Mascaró

**encuentros
imaginarios**
EDICIONES

Diseño gráfico: Elmer Hernández
Portada: Duke Mental
© Jan Erik Vold, TOLV MEDITASJONER
© de la traducción y de esta edición: Roberto Mascaró
ISBN: 9789197973557
encuentros imaginarios-Siesta förlag
Malmö, 2015
Encuentro – Poesimöte
Bergsgatan 13 A
211 54 Malmö
Suecia
Tel. 46+736783879

NORLA

Edición realizada con el apoyo de Norwegian Litterature Abroad

DOCE MEDITACIONES

JAN ERIK VOLD

I

LLUVIA EN LA OSCURIDAD DE LA CIUDAD

LLUVIA. LLUVIA
en el marco de la ventana. Sonidos. No
canción.
Lluvia en la
oscuridad

de la ciudad, iluminada
por la luz de las calles, de las ventanas, de los autos
si yo
me acerco y miro

hacia afuera, cosa que
no hago.
Lluvia, como dije. Te moja. Es algo que
todos saben.

MÁNDAME A CASA
bajo
el toldo de la carpa. Bajo la vastedad
del cielo

de Pascua, tan brillante,
frío
que los pelos de la nariz
cortan. Toma un trozo de hielo

y pásalo alrededor. La trucha
salta
y mueve
los círculos hacia la costa.

ELLA
sonrió. El lápiz labial borroso
pero ella
sonrió. Era cálido, era

lo suficientemente
correcto, de todos modos
bueno. Cada rostro
su

le
tra.
No un diccio
nario.

UNA SILLA
descansa en la habitación. Amarillo sucio
como yo mismo
estoy rojo bronce

y ovalado. Una sirena pasa afuera
como el lápiz
sobre un
compás. ¿Dónde está

el sonido
cuando
no
está?

¿INFLA DIOS
el globo
de la mañana?
¿Cruje

en la parte de afuera
del
cielo? Veo
lo que sueño, pero ¿quién está detrás

y corta? ¿elige
el ángulo
de cámara?
¿technicolor? ¿trama?

MÁRMOL
sube
de la
tierra. Nombres están

inscritos. Lo que
yo
echo de menos. El que
sonrió

la sonrisa tímida. Y golpeó. Pero no
a mí. Golpeó
de amor
y oscuridad.

RESUENA UN CASCABEL
hondo
en
tierra, esa tierra

que no
es. En la oscuridad
se marchitan
nuestras orejas

como hojas de col. Algo penetra
hacia abajo
sobre
el yunque.

QUÉ PULSO
en el mar de la noche, donde todas las casas
están
quietas. La marea interior

no es una regla
no
puede negar. Los segundos
pulsan

como lluvia. La lluvia
pulsa como lluvia. La mesa
está puesta
de blanco.

¿SUENA
nada? ¿Es la nada
que
da tonos? ¿O

tinnitus?
¿Son
tinieblas que se licuan

en el zumbar del oído? ¿Adónde
se va
licuada
la oscuridad?

ESTOY CONTENTO
de no
ser. Sentado en esta silla
en la que

no me he sentado. Yo
festejo en este sol
que
nunca

brilló. Puedo elegir
entre
na
da y no.

SI HACES
un hoyo
en
el universo

para
mí
yo
haré

un hoyo
en
el universo
para tí.

ASÍ, ERAMÓS LOS DOS
nadie
en
un mundo

de sí y no. Ni sí ni no
era
nuestra
dirección, en el

cual
ine
quívoca
mente era.

II

MEDITACIÓN SOBRE UNA PIEDRA

UNA ROCA
y el calor de la roca
y el sol y el musgo que crece
en la roca

en
la roca
y el contorno de la roca, una línea de cielo que
recuerda

la montaña donde iba tan
contento
a
caminar.

GRIS
de conternto, cuando la alegría
era
un saco de fumar

para frotarse
la
nariz
– y el que llevaba

el saco
llegó a casa
de la
oficina.

LAS HOJAS
conversan
entre ellas, como en la tienda
del otro lado de

la calle. El hombre con acento del sur
pone todas
las mercaderías
en una caja de cartón y las carga al hombro a casa

de los que
pueden recibir
la comida de Navidad a domicilio. El Sr. Tobiassen en
shorts, chaqueta
blanca.

PATEAR LA PELOTA
en
el arco, cuando el arco era
la puerta del garaje

del número nueve -y el globo de cuero
golpeó
el ángulo cayó
arena

en el mismo segundo que llegaste corriendo
y
la
metiste.

EN LA ESCUELA DE DANZA
estaba el profesor de danza
Mathieu, rápido rápido
lento

lento, ¡que los caballeros
elijan pareja! Pantalones con raya
raya en los pantalones -y un alma
amable

que advirtió: ¡Oye, has olvidado
quitarte
las pinzas de
bicicleta!

GOMAS INFLADAS. UN
pinchazo.
Balasto
golpea el manubrio

cuando andabas sin
inflador
y tenías que pedalear
todo el tiempo

a casa. Con un pinchazo podía uno terminar
a causa
del
amor.

VIRUTAS DE HIERRO
en una
hoja
blanca -y un imán de herradura

debajo. Cada
viruta toma lugar, de
polo
a polo, en

una
forma
curvada. Mi enamoramiento tuvo lugar
de ese modo.

LAS CHICAS HABÍAN
comenzado
a usar
corpiño. Tenían una fragancia de las sendas

nórdica. El sol brillaba
en briznas amarillas, en la colina
junto
a Nedre Blanksjø. Los dedos

buscaron
más
y más arriba. *Casi* alcanzaron
la cima.

¡CHET
Baker!
¿Cómo se llama el trompetista que toca
en el cuarteto

de piano
de
Gerry
Mulligan? Ella

no
sabía.
Me dejó que se lo
dijese.

NUESTRAS
MANOS
mojadas. El lápiz labial
Sans

Egal. Un hombre trepa
una escalera de neón
hasta
la cima del techo. Nuestros corazones

se derriten. En la oscuridad
del cine. Se derriten
en oscuridad de cine.
Oscuridad de cine en Sentrum Kino.

III

HAS NACIDO POBRE

LA VENTANA BLANCA
que
está iluminada. Número 2
desde la izquierda. Es ella. ¿La

esperaré en el portal
hasta
que ella
pase

con sus amigas? No tomar
y abrir
el libro, a no ser que desees
leerlo.

LA FRUTA CAYÓ
en
el río
de cicatrices. Nadie sabe

cómo, nadie
sabe
cómo. Nadie cuándo, nadie
cuán

madura. El hallazgo
fue
hecho
al amanecer de una mañana de primavera.

EL AVIÓN VOLÓ
demasiado alto
para
que

pensásemos
que éramos controlados. Así que seguimos
por la ruta. Pero cuando regresó
desde otro

ángulo
y mucho más bajo, entendimos
que estábamos
en peligro

CORRIMOS
en cuatro distintas direcciones.
¿Nos tenían
atrapados

en los binoculares? ¿O
se hablaba
de bombardeo masivo? ¿El bosque

estaría en llamas en todos lados
como en
la película
de Bambi?

EL QUE SE HUNDE
es
el elevador. La que se
hunde

es la planta baja. La que
se
hunde
es la casa, con

el pozo del elevador,
la caja,
botones
y cables. El elevador es parte del sistema solar.

CON LA NARIZ
contra
el musgo. Con la nariz
contra el espejo. Con

la nariz
contra
la espalda de
la amada. Así se libra de sentir

el caño del revólver
contra
la propia
nuca.

PRECIPITARSE
como
un
alce, así

habrá algo útil. Mientras
tuvo
un buen momento
durante ese tiempo. Se trata

de que no
seamos
muchos. Así el bosque se pone en movimiento.

EL ANIMAL
está quieto
como una manecilla horaria
a través de la niebla. Hay un amanecer

entre
troncos de pino. Nelly Sachs
abría
todas las cartas con el índice. Pero

no las de París. Esas
las
abría
cuidadosamente.

DIVÍDEME
con filosos
cuchillos. Destrípame
de acuerdo

a innovadora
praxis. Experimentar puede ser
válido
en medio

del proceso, pero no
en
la estación final. Quiero morir
como los que murieron antes.

VISIBILIDAD
decreciente. Niebla, nieve
húmeda. Un susurro
pero ningún

sonido.
¿Está
el alce
allí? ¿O ha pasado? O nunca

ha
estado? No vemos
huelllas. ¿Pero es esto
prueba?

IV

EL ÁRBOL Y EL NO ÁRBOL

UN ÁRBOL
es un árbol y no
ofrece
conferencia de prensa, ni

cuando se mece
al viento
o
lo derriba la tormenta. Un árbol

es un árbol
y un
día
no lo es.

UN
árbol está delineado
contra
la luz de la noche de junio

y se eleva
un mirlo
hacia
la casa celestial

o no. Un árbol está callado
mientras
la canción levanta
delicadamente al árbol y sus raíces.

UN ÁRBOL ESPERA
que
nada
venga, que la lluvia

caiga, que
la clorofila
haga
su trabajo. Un árbol está abrazando

los pensamientos del viento
sin saber
qué
peligro acarrea el viento.

LLENO
de su propio
cuerpo. Allí está y
vuelve

su sombra
al sol
y
al viento. Refleja el reloj cósmico

pulsando
sin haber expresado
una
palabra.

EL ÁRBOL Y SU
hermano
no-árbol
en moldes de papel

en el suelo
donde
vivimos. En el piso de abajo absorben las raíces
hacia

la oscuridad. El viento es el alfabeto
que
desa
pareció.

NO-ÁRBOL
responde: Tú estás, porque tú
cumples
con lo que la luz

promete. ¿Qué pasa conmigo
que con
nada
cumplo? Que no sabe de diferencia entre

estar y no estar.
Las raíces
se mueven lentamente
en la casa pálida de la oscuridad.

Y AÚN NO HEMOS
hablado
de
no-raíces. Y aún

no
nemos
hablado del árbol
de las

no raíces- invertidas en el espejo. Raíz cuadrada
de
menos
roble.

EN LA OSCURIDAD NO SE FIJAN
las imágenes
en la película. En la oscuridad
sube

un poste tomémico
con
cortes, que se diluyen
cuando

miramos. Los que desean ver
deben
ver
con las puntas de los dedos.

POS
te
toté
mico

atado a una
boya
vital. El tiempo

colapsó, aumentó la tormenta.Teníamos
todos
nuestro
salario.

LA COLUMNA
de luz
se hundió y desapareció. El cubo
de la oscuridad

se expandió. La
nada
en la que
yo andaba, era una fina

membrana. ¿Andaba
en un pantano? ¿Andaba sobre el hielo? ¿Era yo un
pájaro
que no se
hundía?

LA MAÑANA DESPUÉS
volvió
la luz.
Nadie puede ocultar

el sol.
Los tallos
se mecían, como si
nada

ocurriese. Las moscas
en la ventana
se levantaban de entre los muertos. Chocando en el
cristal
querían salir.

V

EL DESFILE DECIMOSÉPTIMO DE LA MUERTE

OJOS
como salvavidas. Ojos como
pozos. Ojos
como tumbas. El fusil del soldado

caído. Doce hombres
de la compañía
fueron retirados por el pelotón de fusilamiento. Seis
cargaron

armas, seis
las vaciaron. Luego nos
formaron
en línea.

EL DESFILE DECIMOSÉPTIMO DE LA MUERTE
de
abrigos
desconocidos, con o sin

locomotora
para tirar. Alguien junta
estrellas de David
como otros coleccionan estampillas. Álbum completo

obtiene elogios
de
las más altas
autoridades.

CROACIA
completa. Los Países
Nórdicos
completos. En Noruega

el Jefe de Policía Marthinsen
li
qui
dado. La esvástica

negra: 1 Marthinsen
= 34
no-
Marthinsen.

SE LANZÓ A NADAR
por el Danubio, con la corriente, y llegó
hasta
la otra

costa, cuatro quilómetros
hacia abajo -entonces
estaba en
Checoeslovaquia. Logró

llegar a Londres, allí encontró a su futura
esposa. Hans Suschitzky
y su sra.
Judith, una historia real.

"QUIERO
llegar a Suecia. ¿Me acompañas
a
Suecia? No me voy a Suecia

sin
ti". Pero
Gunvor tenía que ocuparse
de

su
madre. Ganar dinero
para
los de su casa.

LA CARTA
se
perdió. La ropa
se

perdió. Los cuerpos
fueron
quemados.
El oro

de sus dientes
fue usado para
más
acero.

LA BARRERA
de oro
de la verdad, en la bóveda del
banco de la

esvástica. El noruego Hamsun escribió
una adorable
auto
biografía

con el título "Los tontos
eran
los
otros".

LLOVÍA SANGRE
cuando se
desan
gró

lluvia. Borceguíes. Ahorrar
za
patos. Jabón de segunda. Sopa
sueca. Los del número 13 cruzaron la calle

y vinieron a casa
cundo la alarma contra bombarderos
sonó. Jugábamos al Ludo, entre paredes
de cemento.

TE ACEPTAMOS. ERES TITISTA.
Te
aceptamos.
Eres tibetano. Te

aceptamos. Eres
de
herencia
tutsi. Nuestra sangre

es
azul.
Tu sangre
es roja.

¿14
gramos
de belleza
para equilibrar 14 gramos

de verdad? ¿La bellamente
curvada
ruta de la Humanidad, desde
más allá de los más lejanos

azules
llegando hasta
el
disparo en la nuca?

Y
el cuco
trinó.
Puso su huevo en nido ajeno

y
trinó.
El
que está en casa de la mentira

puede
ver cumplidos
tres
deseos.

UN OFICIAL ALEMÁN
en
Ullern
chausseen, verde subido

en el uniforme -el joven se había perdido
lejos, en la
carretera. El hombre
atrapó

el brazo y arrojó
al muchacho
a
la zanja. De esto se hizo un poema.

VI

ESTROFAS PARA PETTER DASS

(Sacerdote y poeta noruego, 1647-1707)

EL MAR
es un huevo. No lo podemos ver.
El mar
es un

huevo. El mar
es redondo
como un huevo. El mar
divide el mundo

en dos. Sobre
y
bajo la línea. Eso dijo
el señor Petter.

LOS CASCABELES
se aflojan. Las claraboyas
ceden. Hemos recibido
su

dimisión. Hablas del
cuerpo. Yo
hablo
de las casas

noruegas. Arntzen
dijo: Sin humor
y fe en Dios, aquí en el Norte, ¿crees que
hubiese funcionado?

EL CUERPO DE MUJER
es
un
templo. Doble exquisitez, mira

mira. Entonces
el pastor de Alstahaug hizo
una larga
pausa

en su
prédica. La palabra motel
no
existía por entonces.

¿PODEMOS RODAR POR
la
hierba? ¿Como
una

alfombra? ¿Con los lupinos
violeta claro
bordados? Entonces te
desenrrollamos

300
veranos después, como
letras
vivientes, Maestro P.

CORTEZA DE ABEDUL.
Crema agria.
La barraca alemana. El toro gigante
en campo

de Aune. Cuerpos de vacas
en el
granero de verano. Grosellas rojas, para quitarles
los tallos. Guisantes de azúcar

junto al
almacén
atrás de la granja Meyer.
La torre gris del cuartel de bomberos.

UNA VIBRANTE ASTA DE BANDERA PARA
BALANCEARNOS.
Uno que se llamó
Erland
se cayó del muelle

y se ahogó. No me dieron refresco
en el entierro. Un trozo
de hierro, pesado
de llevar

en el puño, lo encontré
con mi
padre.
El Valle de Dunderland.

LA CALLE RANHEIM,
número 2. Gyda Plein
era la criada
de mis abuelos. Paredes

oblicuas en otro
piso. Ella leía la Semana
Ilustrada
y sonreía

bulliciosa. La abuela tenía en la pared foto
del puente de los Suspiros
en Venecia. "El que lo atravesó, no volvió nunca
vivo".

EL ABUELO
fumaba
en pipa y callaba. Me enseñó
el Solitario

de Once Habitaciones. Tenía
ecsema. Petter, tus dolores no
me
han

alcanzado. Petter, veo tu
ojo
en
el portal de
Torghatten.

LA MONTAÑA DE MO ESTABA EN EL SUR, HACÍA
TANTO FRÍO
que nunca nos
bañamos. Mi madre
se desmayó

y soñó
que estaba chapotendo en el río Revelåga. Sol
y
arena. El agua

pasaba. El agua era una amigo. El agua
corría hacia
el mar. El mar
era una línea. El sol era mi padre.

LA JOVEN PAREJA
se
be
sa, en la cabaña

de la tía
Valborg. Creían que nadie
los
veía, desde

la habitación de al lado.
Yo tenía
diez
años.

LA QUE CONOCÍ
era
del
lago Sandnes

y se llamaba Kari. "En
la baja
espalda
mi amada tiene

un lunar
que yo
nunca
más veré".

DIOS, QUE PUEDE CAMBIAR
todas
las cosas. Y no
puede. Las algas están en la costa

y gorgotean. Huelen
a maderas con
alquitrán de las chozas. Restrego
con la mano

un
rudo
tronco. No hay
tiempo. El mar es un huevo.

VII

BLUES PARA BOLÍVAR

UNA
oreja cortada. El día
se agrisa. Nieve
en muchos techos, mientras los árboles

estiran
sus
dedos. Un árbol talado
vive

en nuestro interior. El tronco intacto
habla por la causa
de los objetos
mutilados.

AUSCHWITZ.
Offswitch.
El último
tasmanio. ¿Por qué tenía Benjamín

de Holmia morir, 15 años
de edad, brillante
de mente? ¿Cuánto cuesta
la ignorancia? Bongo del Congo. Yo.Yo.Yo

Yo.
Firmado por el blanco,
desconectado
Ministro de Asuntos Exteriores.

¿CUÁL ES EL SENTIDO
de la
Humanidad?
¿Talar

la naturaleza?
Tomemos primero todo el pescado
de las costas de Chile. Luego
todo el pescado de las costas

de Alaska. Luego tomemos
el gran alca, luego el panda –y y luego el elefante
africano,
de grandes, grandes orejas.

COMENZAMOS CON GENTE
de
otro
tono. Entonces tomamos

los de las islas de coral, a lo largo
de los deltas
del río, en las tierras bajas del
mundo. Luego es el turno de

Europa y los diques
de Holanda.
Al final miramos a los ojos de
Rembrandt.

NO HEMOS DESTRUIDO NADA, ESTAS
cosas se volvieron
así. No estamos asolando
nada, eso

es
solo
así. Muy bien, el Polo Sur se derrite. Muy bien, se
disuelve

el Polo Norte. Muy bien, las tierras
se hunden. Pero
el dólar
se mantiene fuerte. Sube y sube el petróleo.

NADA DE LOBOS EN HEDMARK, GRACIAS.
Nada de olivos en Palestina, gracias.
Nada de marroquíes en la Península Ibérica, gracias.
Los que se hacen a la mar

en naves
provisorias
cuentan con llegar a la deriva
a una costa. Mirad, quince cuerpos

cubiertos
con una lona. Mirad, es una piel gris
aplastada en el asfalto. Mirad, es un muchacho de doce
años
en brazos de su padre, unos segundos antes.

LOS DEDOS
de los
árboles
se

van
cubriendo
ahora
de

oscuridad. Así no vemos
las protestas. Así no oímos las quejas. Sólo un
rugido
tras papel de alquitrán.

EL SELLO DEL SOL BRILLA
por
su
ausencia. La verdad

está del otro
lado.
Las olas golpean
contra la costa, blanco y azul, blanco

y azul, blanco –y
azul. Así
todo se
parece.

TODO ES AZUL. LA TIERRA
desapareció. Todo
es
blanco. El cuerpo

desapareció. Todo
es
rojo. La sangre
en la vaina del cuchillo. Entonces encendemos

mil
antorchas. Sí, amamos
este país. Y empujamos al más próximo
al Río Grande.

EL TÍO AMBICIONA DÓLARES
en
los globos
de los ojos. Simón

Bolívar fue
el libertador
de América del Sur. Walt Disney hizo una fortuna
con los dibujos

de Carl Barks. Disney
le dijo a Barks: Inventa
lo que quieras, pero no uses nunca la palabra
Bolívar.

CANTA UNA CANCIÓN
sobre lo
que
hay. Canta una canción sobre lo que no

hay. Canta una canción
sobre
las destrucciones. Canta una canción sobre la
resistencia
a las destrucciones. Noche

sobre Noruega. Hay sol
sobre Micronesia. Las ratas son los animales
más
inteligentes. Las moscas, mayoría.

VIII

BAJO EL TECHO DE PAJA EN ESCANIA

TREBLINKA
no
parpadea. No se excluyen
serbios

ni valones, por
trabajo
o por
edad. Aquí se abre la ducha

para todos. Para los que resisten caminar,
la barraca produce
cada día
nuevas cruces.

DESCANSO MI ROSTRO
en el
verde, como descanso
mi rostro

en tu
vientre. Huele dulce, sabe
dulce
tu
musgo. Súbete

en mí y te
llevaré
a la
caída del sol a casa.

NO TODO
amado
signo, como dicen. Alguno falla
y el batido de vafle

se derrama,
el morde
se derrite
-¡qué pena! En las 1001

noches
no hay
dos
iguales.

UNA ROCA
y otra roca
más, dos
rocas de sueño. El Vesuvio

no
pudo haber
encontrado
dos figuras

más
apacibles: Los pijamas cayeron
en cualquier
parte.

GOLPES DE MARTILLO EN LAS PAREDES
oblicuas
de la habitación. Alguien construyó
la casa. Alguien

vive
en
ella. Todo esto se ve
diferente,

sólo
X años después. Ahora
es
ahora.

EL RELOJ
de arena
está quieto. Es arena
que

fluye. Eso es así visto
desde
afuera. Dentro del cristal
cada grano

es empujado
de todas
partes, como si fuese en un estadio
en el que terminaríamos.

LO BLANCO
en
los abedules. Arranca lo blanco de
los abedules

del
firme, frío tronco. Forma
con esto
una bola

para ponerla sobre
la boca. Lo que ha de decirse
tiene que ser dicho
con los ojos.

LA FRENTE ERA EMPINADA
como una
pared
de montaña. Trepé y me afirmé

en las arrugas de la frente, puse
el tacón
en
la ceja derecha. Subí a la cima

pero no vi más
por ello.
El viento refrescó
mi cabello.

ELLA ESCUCHA
todo lo que no
ve. Ella
se pregunta, no se

pregunta. Él la deja
ir.
Su
libertad es la libertad de él. ¿Es un

barco
o son dos?
Atravesarán
el estanque.

¿QUIÉN
pide
más
letras? ¿Cuando son tántas

que están
hechas?
Las vacas pastan. Las vacas
orinan. Las vacas

están quietas. No
esperan
por
la muerte.

IX

EL SOL TOMÓ EL ELEVADOR QUE BAJABA

ELLA SE DESNUDÓ
como le pidieron. Al
final
nada más

otra vez. Claro,
el cabello podía ser cortado, las uñas
arrancadas, el feto
extraído. Pero no era eso que estaba

afuera
al final. Querían darla vuelta
como una
pelota de tenis.

SU MIRADA
era como
vías de tren de las que los durmientes habían
sido

removidos, el último tren
a
la lavandería
pasó hace tiempo. Ahora son los

Altos
del Golán
los que
sangran.

EL ACCESO DE TOS
que pasa
a ser
calambres de risa que

pasan a ser gritos,
llanto que pasa a ser monedas
que
cayeron del

borde del muelle.nuestra queja era
inconsolable. Lloramos por una nación
entera. In
consolable como una maratón.

EL MENDIGO
mutilado
descansa
en su espalda. Su muleta mide cuatro

quiló
metros. Su mirada
es
un

ictus de club de golf. Frotamos nuestros
ojos
con
mitones.

PARA
sombra. Para
guas. Toda la casa trabaja
con na

da. Un Niágara
en miniatura. Escucho la cascada, pero
no puedo
leer. Tras los contornos

de la montaña descansa
el nivel del mar. El balcón
de la luna
no necesita elegir.

EL SOL
tomó el elevador que
bajaba. El elevador no se detuvo
en la última

planta, sino que continuó
hacia
las raíces. Estalló en mil
estrellas. Mamma mia. Debo callar. Tus ojos

son una casa de departamentos, en
la biblia. Capítulos
lindamente amueblados.
Lo que sube del cráter son cantos de rana.

DISPARAR A UN ENEMIGO
y encender
un cigarrillo. Golpear en una puerta
que nadie

abre. Voltear una
piedra
sabiendo
que la sombra se ha elevado

al otro
lado. Retornar la piedra
a su
lugar y ver al sol elevarse.

EL ASTA DE LA BANDERA CRUJIÓ
cuando la
levantaron. Estaba
en la colina. La bandera

estaba recién
planchada,
como
una estampilla. 13

perforaciones. Donde
cada gota
de lluvia
golpea.

ELIJE
qué
elección
rechazas. Elige qué elección
has

hecho. Caracas.
Caritas.
Aquí las casas crecen en el aire
como clavos. El truco del Metro: Para detener

la escalera mecánica

y tener
la billetera del vecino en la mano. Las sirenas
son nuestra sierra circular.

AVE
María. Avenida
Libertad. Cuando otros se arrollan las mangas
de la camisa

él se arrolla
los pantalones. Toda la existencia
un bote de
sopa. Monedas de 10

como un billete de 10
dólares. El sonámbulo anda
con el
pie que le falta.

SOL
como alfiler
de corbata. Mercurio hacia
la isla

más lejana. Las manos son
peces. Flores blancas
sacan
la cabeza entre las mesas. Mi hermana

con coche de niño
en el andén. Todavía
no nos hemos vuelto
lluvia, todos.

X

UN CUBO EN LA NADA

LOS MUSLOS
le
temblaban. Vio a su hermano
volverse

negro. No
era
tierra. No eran
llamas. Era

un
cubo en la nada,
devocio
nado.

EL BOTE A REMO
llegó. Yo subí. Kjartan
dijo: El salva
vidas, no andes

sin
salvavidas. Estiró
la
mano

justo
cuando
la película
terminó.

COME ESTA MANZANA
y te volverás
tonto. No comas
esta

manzana
y te volverás
tonto. Amarillo rojo tonto, verde
tonto. Las

pa
ta
tas
blancas no han sido cosechadas.

UNA
manzana Gravenstein, tu nombre está inscrito
en
su

esfera
e intenta
co
merte

El largo de tres
piscinas de natación,
¡allí asoma
su cabeza!

EL LÁPIZ
cayó
del
ático

del cielo.
Este es un techo de casa, esta
es una
cresta. Así de azul

es el azul
que el día
brindará. Nada de tranvías
con fiebre de avisos.

LOS OJOS DE MANTEQUILLA
del sol, en la papilla
de la nada.
¿Puedes sentir el sabor

a
canela?
¿A
azúcar granulada? ¿A la leche

encima, que
sube? ¿Quién desea
la primera
cucharada?

TAN
real como mojado. No lo
puedes
negar. Había llovido

todo el día, qué bueno que el sol
brilló. El arcoiris
era
nuestro barco celestial. Remamos

con
un
par de cucharas
de plata.

¡PIENSA EN ESTO, HJØRDIS!
Que lotería
es
lotería. Aquí no hay

nieve, ni cordel, ni
pistas
de esquí
bien preparadas. Uno, dos

uno-dos-tres-cuatro. Soy un solitario
chico en
el bosque. Oh Lady, oh Lady, oh
Lady be good to me.

XII

VESLEFRIKK DESPIERTA

TRANVÍA
al
amanecer. Beis, marrón. Corre tras
él, las piernas

estaban
quietas. Cuesta abajo
sin utilidad. El sol

coloreaba el
cielo
con plumas de oro. Las montañas
eran prosa.

SE
canta. En tiempo
7/8:
Uno-dos-tres

¡uno-dos-tres-cuatro! ¡Uno-dos-tres,
uno-dos-tres-cuatro!
Piedras de la costa que
se vuelven adoquines. Adoquines que

se vuelven piedras de casa. Piedras de casa
que se vuelven piedras de la costa
-aunque el epicentro esté
mar adentro.

QUIEN SERÁ FUSILADO
tiene un largo camino
a seguir.
Morteros

altamente explosivos. Todos los pueblos
vuelan
en
pedazos. Desaguaderos

de mirada renovadora. Es la lluvia
la que no es
de
confiar.

EL FIORDO ESTÁ
como
un
trazo de lápiz. El día entero

como un
huevo. Esas cabras son blancas
y duras.
No trabajan

para la mafia. Mastican
hierba
como otros
billetes.

ALREDEDOR DE CADA PIEDRA
sube
un
suave salmo. El Vagabundo

echa sus harapos
a
la espalda y se va. Una montaña
es sólo

una montaña. Siete colinas
más lejos
vive la princesa. El puñal
está en el ojo del que mira.

EL ARROYO JUNTO AL PIE
de la montaña. El arroyo
del
interior

de la montaña. Esta pena
es
limpia. Esta alegría
es libre. Esta agua

es agua que bebemos
de un
tazón de estaño
cincelado.

LA BANDERA QUE FLAMEA
ya terminó
su
tiempo. No empujar. Nadie

debe. Los restos de una
raya al medio. No hay ninguna bola de
billar irónica. ¿Quién
puede engañar a una bola

de billar? Una bola de billar se espera
algo
muy
distinto.

LA LLUVIA
cae. La nieve sube. ¿Por qué no podemos estar
nunca
quietos? Una

operación
que espera -¿qué clase de palabras
son
esas? El mar

de
cide.
Recién cuando el tañir de campanas cesa,
los tranvías vuelven a ser azules.

EL SONIDO
llegó. Lentamente se
extendió.
Gabriel

levantó
su ojo sobre el borde. La luz ascendió
como un
peso pluma. No

hay
rostro. Cuando el reloj da las doce
el mar es
una cruz. Es el mar un huevo.

XII

MIENTRAS LA VENTANILLA CORRE JUNTO A MÍ

EL MUNDO
pasa una página en blanco. Hojas doradas
en
el parque, una linda carrera

sobre
el camino de grava, sin aliento detenerse
tras la próxima
esquina y ver

al policía
apurarse
en
dirección equivocada.

¿POR QUÉ ESTÁ ESA LUNA
pálida
en el
cielo, al tiempo que el sol otoñal

brilla? ¿Necesitamos
dos? ¿Necesitamos que nos
recuerden que
la oscuridad pronto llagará, bombas de racimo

explotando
a 200 yardas sobre el suelo, que matan
toda carne
viva?

TODA LA CARNE VIVA QUE SE
oculta
en cavernas. ¿Cuántas bocas se pueden
alimentar por el precio de

una bomba?
¿Se puede lograr la paz
con alfombras explosivas? ¿Se puede
bombardear

con bombas
para lograr
que la gente
cambie de padres?

CUANDO LLEGA
un barco con prótesis
los
mutilados por las minas

pueden levantarse
y andar. El cielo era una laguna
azul marino. El
que

empuja su bote de la costa
remará
pronto
en un reportaje de la CNN.

LA VERDAD,
de
pen
de. La verdad, de

pen
de. La verdad,
depen
de

de
co
mo
vuelan las esquirlas.

LOS ETÍOPES SE DEFENDIERON
con
piquetas y rastrillos. Era en 1935, contra
los tanques

de Mussolini. Quien desea ganar
una montaño
debe
tener cautela, profunda

como una montaña. No alcanza con ser
un halcón. Tienes también
que ser
un topo.

EL MAR
es un cielo
invertido
en la cabeza. Ya no sangra. Está

sanando. Está
sanando
en el aire. La sangre bulle
en un cuerpo llamado

odio. Que se llama
duelo. Que
se llama inestabilidad. Este cuerpo junta
calaveras.

ESTE CUERPO NO ESTÁ DROGADO. ESTA
sangre no
es
azul. Esta carne

es invisible. El cielo de otoño
zozobra
contra
el escarlata de la tarde. Un avión plateado

traza
la raya
de Oeste a Este. Las pocas nubes de caballa
tiemblan.

UNA
bala, extraída del corazón
de la víctima
y vuelta

al
cañón
del arma
de fuego -No, Dios mío,

no vuelvas
la
película
hacia atrás. Tampoco lo hace Alá.

O
a la antigua, con cuchillo. El sol
da a los abedules
su último

ocre. Alguien se
baja. Sólo la hierba inclina
la cabeza. Son muchas briznas
y ellas

callan. La luz penetra
desde
el costado.
Con una guadaña de nada.

GRAFFITI
en el cemento, su grito
parece
solo tonto. A pesar de

todas las bellas
letras. Dios es una flecha
que arrojamos
al

sol. ¡Destrúyeme!, dice
el sol, como un cristal
de ventana. Así la sombra
devora al tren.

www.ingramcontent.com/pod-product-compliance
Lightning Source LLC
Chambersburg PA
CBHW061151040426
42445CB00013B/1645